Nordpol

Arktischer

GRÖNLAND

D1271256

DEIN CODEWORT

B3xIglu7yF

Weitere Abenteuer auf:
www.thienemann.de/CodewortRisiko

Gib deinen persönlichen Geheimcode ein
und erlebe die spannende Welt von
Codewort Risiko!

CODEWORT
RISIKO

Frank M. Reifenberg

Verschollen
im ewigen Eis

Mit Bildern von Renate Emme

Thienemann

Von Frank M. Reifenberg bei »Codewort Risiko« bereits
erschienen:
Kampf im ewigen Eis
Wettlauf im ewigen Eis

Reifenberg, Frank M.:
Verschollen im ewigen Eis
ISBN 978 3 522 18202 7

Reihengestaltung: init.büro für gestaltung, Bielefeld
Einband- und Innenillustrationen: Renate Emme
Rätsel (Konzeption): Anja Lohr
Schrift: ITC Stone Sans, Kosmik
Satz: KCS GmbH, Buchholz/Hamburg
Reproduktion: Medienfabrik, Stuttgart
Druck und Bindung: Friedrich Pustet, Regensburg
© 2010 by Thienemann Verlag
(Thienemann Verlag GmbH), Stuttgart/Wien
Printed in Germany. Alle Rechte vorbehalten.
5 4 3 2 1°   10 11 12 13

www.thienemann.de
www.frank-reifenberg.de
www.lesefoerderung-fuer-jungen.de

Inhaltsverzeichnis

Wal in Sicht

Nanuk wollte unbedingt der Erste sein.
Keiner sollte ihm zuvorkommen. Seine
Augen suchten die Weite des Meeres
immer wieder ab. Packeisstücke wurden
von der Strömung mitgezogen. Nicht
weit von seinem Beobachtungsposten
tauchten ein paar Robben auf. Ein Wal
ließ sich nicht blicken. Nur auf ihn wartete Nanuk.

Die Männer des Dorfes lagen schon
seit Tagen auf der Lauer. Nah an der
Kante des Eises hatten sie ein Lager auf-
geschlagen. Nanuks Magen knurrte seit

einer Stunde – schlimmer als ein Eisbär nach dem Winterschlaf brummte. Die Kälte kroch ihm in die Knochen und die Augen tränten, so sehr hatten sie sich abgemüht, die graublauen Wellen des Polarmeeres zu durchdringen.

Jemand legte die Hand auf Nanuks Schulter. Er zuckte zusammen.

»Wenn du weiter so dasitzt, bist du bald eine Eissäule«, ertönte Noodles' Stimme direkt neben seinem Ohr. Sein bester Freund hatte es vor ein paar Stunden aufgegeben und war mit dem Hundeschlitten ins Dorf gefahren. Eine Mütze voll Schlaf und ein Teller Nudelsuppe hatten ihn wieder auf Vordermann gebracht. »Trink das!«, forderte Noodles ihn auf. »Aber Vorsicht, heiß!«

Der Duft von Tee mit einem Schuss Vanillesirup zog Nanuk in die Nase. Schon allein der Geruch weckte die Lebensgeister in ihm. Wie fast alle Leckereien musste der Sirup per Luftfracht in ihr Dorf gebracht werden, das nicht weit von der Grenze zum ewigen Eis lag.

»Den Sirup hat Michael Fuller mitgebracht. Er ist vor ein paar Stunden hier gelandet mit seinem nigelnagelneuen Hubschrauber«, erzählte Noodles. »Er bleibt noch ein paar Tage, weil er hofft, dass wir bald einen Wal erlegen.«

Michael Fuller stammte aus ihrem Dorf, lebte aber schon seit vielen Jahren in der Stadt. Ihn hatte es nicht aufs Wasser gezogen, wie die meisten Inuit, sondern in die Luft, von wo aus er nun die abgelegenen Orte mit allem, was die Natur nicht hergab, versorgte.

Nanuk nahm einen großen Schluck von der heißen Flüssigkeit. Genauso

schnell, wie er
den Tee hinunterge-
schluckt hatte, prustete er ihn wieder
hinaus. Die Spritzer verteilten sich auf
seiner Jacke, Noodles bekam ebenfalls
eine ordentliche Portion ab. Der Rest be-
sprenkelte den Schnee mit bräunlichen
Flecken.

»Hab doch gesagt: Vorsicht, heiß!«,
schimpfte Noodles.

Nanuk beachtete ihn gar nicht. Er sprang auf und stieß einen unverständlichen Schrei aus. Sein Arm deutete auf das Wasser hinaus.

»Da, da ...«, stammelte er zuerst nur, bis seine Stimme sich gefangen hatte und er laut und deutlich rief: »Wal in Sicht! Wal in Sicht!«

Sofort waren alle Männer auf den Beinen. Befehle wurden gegeben, dann aber herrschte genauso plötzlich wieder Stille.

»Fehlalarm«, murrte Dick Tanniuk. Er legte die Harpune neben sich. Die Waffe befand sich immer in seiner Reichweite, darauf achtete der erfahrene Walfänger.

»Da ist einer!« Nanuk stampfte wütend mit dem Fuß aufs Eis.

Er hatte gesehen, wie der Wal die mit Wassertröpfchen vermischte Luft aus seinem Blasloch gepustet hatte und sofort wieder verschwunden war. Normalerweise war diese Fontäne viel höher und kräftiger. Etwas musste das Tier gestört haben und es war abgetaucht.

»Wal!«, schrie nun einer der älteren Jäger.

Nanuk hatte doch recht gehabt. Der Gigant der Meere stieg erneut auf. Dieses Mal war sein grauer Rücken deutlich zu sehen. Noch einmal pustete er die verbrauchte Atemluft aus der Öffnung oberhalb des Kopfes und sank wieder hinab unter die Oberfläche. Zuletzt verschwand seine mächtige Schwanzflosse im Wasser.

INFO

Der Walfang ist seit Urzeiten von besonderer Bedeutung für die Völker am Polarkreis. Ein einziger Wal konnte ein ganzes Dorf ernähren. Fleisch, Öl, Tran und vieles mehr vom Wal halfen, den langen Winter der Arktis zu überstehen. Die Inuit jagen heute noch Wale, oft mit den Mitteln ihrer Vorväter. Besonders wichtig ist dabei das Umiak, ein offenes Boot aus einem mit Seehundfellen überzogenen Holzgerippe, das mit Schnüren aus Sehnen oder Leder zusammengehalten wird. Nägel werden nicht verwendet, weil sie rosten würden. Umiaks sind bis zu 10 Meter lang und bieten einer ganzen Gruppe von Jägern Platz.

INFO

Schau dir die Bildausschnitte genau an.

Z	M	E	W	I
A	R	T	K	C
Q	F	U	L	O

Suche sie im großen Bild und schreibe die Lösungsbuchstaben nacheinander auf ein Blatt. Welches Lösungswort ergibt sich dann?

RÄTSEL

Ein knappes Rennen

Plötzlich ging alles blitzschnell. Jeder wusste, was er zu tun hatte: die Leinen des Umiaks lösen, in das Boot springen, sich von der Eiskante abstoßen, keine Zeit verlieren, die der Wal nutzen konnte, um ihnen zu entkommen. Alle Teile der Ausrüstung mussten sofort einsatzbereit sein: die Harpunen mit den langen Seilen, die Paddel, die das Umiak vorantreiben sollten, die Haken, um die tonnenschwere Beute am Ende seitwärts zum Boot zu bringen.

Wortlos verrichtete jeder seine Arbeit.

Die Stimme des Bootsführers durchdrang die eisige Luft.

»Los!«, befahl er.

Nanuk duckte sich hinten im Boot. Direkt neben ihm kauerte Noodles. Die Freunde waren zum ersten Mal dabei. Sie waren zuständig für die luftgefüllten Schwimmblasen, die an den Seilen der Harpunen befestigt waren. Wenn sich die Waffe im Rücken des Wals verfangen hatte, erschwerten die Luftsäcke dem Tier das Abtauchen. Die Jungen mussten dafür sorgen, dass sie sich nicht irgendwo verfingen und damit vielleicht zu einer tödlichen Falle für die Bootsbesatzung wurden.

Leise tauchten die Paddel ins Wasser. Wenn der Wal sie zu früh entdeckte und sich verfolgt fühlte, würde er hinab in die Tiefe tauchen. Meistens verschwanden die Kolosse dann und die Jäger gingen leer aus.

Fast lautlos glitt das Umiak über das Wasser. Dick Tanniuk, der Harpunier, stand im Bug und beobachtete die graublaue Oberfläche.

Nanuk wusste, dass Onkel Dickie, wie alle ihn nannten, jede Regung der Wellen, jeden Schatten in der Tiefe wahrnahm.

Seine Sinne schienen dem Gespür der Wale in nichts nachzustehen. Noch wichtiger als seine Augen waren jedoch die Ohren. Er gab den Männern im Boot Zeichen. Sofort zogen alle die Paddel ein. Onkel Dickie legte sein Ohr an eines der Paddel. Wie ein Hörrohr übertrug es nun

die Laute aus der Unterwasserwelt. Er winkte Nanuk heran.

Nanuk spürte, wie ihm die Hitze in den Kopf stieg. Onkel Dickie gab selten Lehrstunden, aber jetzt reichte er Nanuk das Paddel. Horch selbst!, besagte die Geste, die er dabei machte.

Die hohen Töne, wie von einer weit entfernten Sirene ausgestoßen, waren deutlich zu hören. So konnten sich die Wale untereinander verständigen. Wenn die Schallwellen dieser Gesänge von Eisbergen zurückgeworfen wurden, wichen die Tiere diesen aus.

Plötzlich zerriss ein Schrei die Stille. Noodles stand aufrecht im Umiak. Direkt hinter ihm erhob sich ein blauschwarzer Riese aus dem Wasser. Der Grönlandwal

war ein wahrer Koloss. Er steuerte direkt auf das Boot zu.

Noodles zuckte erschrocken zusammen. Es sah aus, als wolle der Wal die Jäger angreifen. Aber kurz bevor er sie rammen konnte, verschwand er kopfüber im Wasser.

Die Männer im Boot reagierten sofort. Dick Tanniuk warf die erste Harpune. Sirrend zischte das Seil, das an der Waffe befestigt war, durch die Luft. Kurz vor der Schwanzflosse des Wals drang die Spitze der Waffe in die dicke Haut des Tieres. Die Schwimmblasen flogen hinterher. Fast wäre Nanuk von dem Strick, der sich weiter und weiter abrollte, mitgerissen worden. Er klammerte sich am Boot fest.

»Er taucht unter uns durch!«, rief Nanuk.

Die Luftsäcke würden ihr Opfer schnell ermüden, allerdings nur, wenn die Widerhaken der Harpune tief und fest in der zähen Haut des Wals steckten.

»Er ist ein Kämpfer«, zischte Onkel Dickie und schickte einen Fluch hinterher.

Nanuk sah, was der Harpunier meinte. Der Wal zog einen Luftsack nach dem anderen unter Wasser.

»Das hält er nicht lange durch«, sagte einer der Männer.

»Länger als wir!«, widersprach Onkel Dickie ihm.

Nanuk schaute sich den kurzen Rest des Seils an. Noch ein paar Meter und der Wal würde das Umiak mit sich in die Tiefe ziehen.

INFO

Wale sind keine Fische, sondern Säugetiere, wie zum Beispiel Pferde und Hunde. Sie säugen ihre Babys, die man Kälber nennt, aus Milchdrüsen und sie atmen nicht durch Kiemen, sondern durch Lungen. Vor Jahrmillionen passten sie sich vollständig an das Leben im Wasser an. Der größte Wal, der Blauwal, wird über 30 Meter lang und bis zu 200 Tonnen schwer. Das heißt, er ist ungefähr dreimal so lang und zehnmal so schwer wie ein Bus.

INFO

Welche Antworten sind richtig?

- Wale sind sehr kleine Fische. 〔 S 〕
- Ihre Babys werden gesäugt. 〔 M 〕
- Der größte Wal ist der Pottwal. 〔 U 〕
- Der größte Wal ist der Blauwal. 〔 E 〕
- Blauwale sind 500 Meter lang. 〔 A 〕
- Die Babys der Wale nennt man Kälber. 〔 E 〕
- Wale atmen durch Kiemen. 〔 N 〕
- Blauwale sind zehnmal so schwer wie ein Bus. 〔 R 〕

Schreibe die Buchstaben der
richtigen Antworten nacheinander auf.
Welches Lösungswort erhältst du?

RÄTSEL ?

Gerade noch entkommen

Onkel Dickies Worte waren kaum ver-
klungen, als ein Ruck durch das leichte
Boot ging.

Das Seil straffte sich, aber nur für den
Bruchteil einer Sekunde. Allein das reichte schon, um das Umiak in eine bedroh-
liche Schieflage zu bringen.

Nanuk rutschte zur Seite. Er drohte
das Gleichgewicht zu verlieren, aber
Noodles packte seinen Freund blitzschnell am Arm und hielt ihn fest.

»Danke!«, rief Nanuk. Er hatte sich
schon im eisigen Wasser gesehen, zwi-

schen den kleinen Eisstücken, die immer wieder vorbeitrieben.

Der Bootsführer zog ein Messer hervor. Er setzte die Klinge an das Fangseil, kam aber nicht mehr dazu, es zu durchtrennen. Wieder ging ein Schlag durch das Boot, dieses Mal schnellte es zurück.

»Der Mistkerl«, schimpfte Onkel Dickie.

»Ist er abgehauen?«, fragte Noodles.

Nanuk nickte. Er zog das schlaffe Seil aus dem Wasser. Nacheinander kamen die Luftsäcke an die Oberfläche.

»Immerhin hat er die Harpune nicht mitgenommen«, sagte Nanuk, als er die Waffe am Ende des Seils entdeckte.

Sie hatten Glück gehabt. Boot und Ausrüstung waren ohne Schaden geblieben. Beim Walfang musste man Geduld und Ausdauer haben. Oft warteten die

Jäger sehr lange auf die Beute und selbst wenn sie einen Wal gefunden hatten, gelang längst nicht jeder Versuch, ihn zu erlegen.

Trotzdem machte sich auf der Fahrt zurück zum Lager Unzufriedenheit breit. Schweigend saßen auch Nanuk und Noodles im Boot.

Bei der Ankunft der Walfänger ließen sich die zurückgebliebenen Männer und Frauen zwar nichts anmerken, aber allen war klar, dass sie bald Beute machen mussten. Auch der Häuptling, wie Nanuk seinen Vater nannte, schüttelte den Kopf. Sein Bein war seit einem Unfall vor Jahren steif. Er konnte an den Jagdzügen nicht mehr teilnehmen, was ihn umso ungeduldiger machte.

»Was ist nur los in diesem Jahr?«, fragte Nanuk.

Der Häuptling zuckte die Achseln. »Zu wenig Wale. Früher zogen riesige Herden vorbei, aber seit die Walfangflotten den halben Ozean leer gefischt haben, sind kaum noch welche zu finden.«

Nach ein paar Sekunden fügte er hinzu: »Oder Sedna ist sauer auf uns!« »Alles, nur das nicht!«, brummte Nanuk. Wenn Sedna ungnädig war, dann konnten sie noch lange auf Beute warten. Tief im Innersten glaubte Nanuk an die Macht der Naturgeister. Die Meeresgöttin Sedna war die Mutter aller Geschöpfe des Ozeans. Sie bestimmte darüber, welche und wie viele Meerestiere gefangen und gegessen werden durften. Sie schickte den Sturm oder zog den Jäger und seine Familie in die Tiefe, wenn dieser gegen ihre Gebote verstoßen hatte. Sie musste mit größter Ehrerbietung behandelt werden.

»Wir sollten lieber mit vernünftigen Waffen jagen«, mischte sich einer der jungen Männer des Dorfes ein. »Dieser ganze Eskimo-Quatsch! Was haben wir davon, wenn wir wie unsere Vorfahren jagen? Wir wohnen doch auch nicht mehr in Iglus«, schimpfte er.

Leider nicht, dachte Nanuk. Iglus wurden nur noch dann gebaut, wenn die Männer auf mehrtägige Jagdtouren gingen.

»Wenn du so weitermachst, muss der Schamane zu Sedna auf den Meeresgrund hinabtauchen und sie besänftigen«, mischte Onkel Dickie sich ein und beendete den aufkeimenden Streit.

»Schluss jetzt! Morgen müssen alle früh aufstehen. Sehr früh!«

Schlimmer als Sedna, die manchmal etwas ungnädige Meeresgöttin, war Nanuks Mutter.

»Er wird auf keinen Fall auf eine mehrtägige Fangtour gehen!«, entschied sie
beim Abendessen.

»Irgendwann musst du ihn mitgehen
lassen!«, sagte Nanuks Vater.

»Irgendwann, aber nicht jetzt«, be-
harrte seine Mutter. »Die Männer werden tagelang unterwegs sein, dafür ist er
einfach noch zu jung.«

Die Jäger würden mit den großen
Booten losziehen, um sich den Zugrou-
ten der Wale zu nähern. Sie wollten weiter draußen, am nördlichen Rand der
großen Halbinsel, ihr Glück versuchen.
Das konnte mehrere Tage oder noch
länger dauern. Das Eis dort war viel tü-
ckischer. Sie würden in Iglus wohnen und
nicht eher zurückkehren, bis sie Beute ge-
macht hatten.

Seine Mutter hielt überhaupt nichts

davon, dass ihr Sohn sich den Gefahren einer solchen Fangtour aussetzte.

»Und jetzt ab ins Bett«, beendete sie die Diskussion für diesen Tag.

INFO

Die Riesen der Ozeane waren schon immer bei Jägern begehrt. Im 18. und 19. Jahrhundert schickten alle Seemächte Walfänger aus, die mit immer besseren Waffen jagten. Große Walfangflotten erlegten so viele Wale, dass einzelne Arten fast ausstarben. Jedes Jahr mussten Hunderttausende Wale ihr Leben lassen. Besonders begehrt war der Tran, ein Öl, das man aus der Speckschicht der Tiere gewinnt. Er wurde zum Beispiel zu Kerzen oder zu Margarine verarbeitet. Das Fett eines einzigen Pottwals ergibt Zehntausende Liter Öl.

INFO !

Fahrt ins eisige Meer

»Mama, ich bin kein Kind mehr«, versuchte Nanuk es am nächsten Morgen erneut, sobald er sich den Schlaf aus den Augen gerieben hatte.

»Bist du doch!«

»Noodles darf auch mit.«

Das war etwas geflunkert. Noodles würde es bei sich zu Hause genauso machen und behaupten, Nanuk dürfe mit.

»Wenn kein Mann der Familie am Fang teilnimmt, bekommen wir nur die schlechten Teile«, sagte Nanuk.

Nach alter Tradition durften sich die Jäger und ihre Familien zuerst an der Beute bedienen und die anderen mussten nehmen, was übrig blieb.

Der Häuptling zog Nanuks Mutter aus dem Zimmer. Im Hinausgehen zwinkerte er seinem Sohn zu und machte ein aufmunterndes Zeichen.

Sofort sprang Nanuk aus dem Bett und zog sich an. Er trug seine Ausrüstung zusammen und stopfte sie in eine Ledertasche, die er sich mit ein paar Riemen aus Robbensehnen um den Bauch band: ein Taschenmesser, ein paar Stücke getrocknetes Robbenfleisch, eine Angelschnur mitsamt Haken, das Sturmfeuerzeug, das er von Noodles zum Geburtstag bekommen hatte, und allerlei nützlichen Krimskrams, den er immer bei seinen Schlitten- oder Kajak-Touren mitnahm.

Er wartete vor der Küchentür und hörte, wie der Streit zwischen seinen Eltern hin- und herging. Endlich trat sein Vater in den Flur.

»Los, beeil dich«, forderte er Nanuk auf. »Ich bring dich hin.«

Ein Jauchzer hallte durch das Haus. Nanuk raffte seinen Anorak zusammen und die Handschuhe aus Eisbärenfell, die er von seinem Großvater geerbt hatte. An der Haustür drehte Nanuk noch einmal um. Er rannte zurück in die Küche, wo seine Mutter mit sorgenvoller Miene eine Teetasse umklammerte.

»Danke«, rief Nanuk, umarmte sie und drückte ihr einen Kuss auf die Wange.

Noodles stand schon bei den anderen Männern. Die beiden Jungen zwinkerten sich zu und lachten.

Beim Aufbruch herrschte eine erwartungsvolle Stimmung. Sie ruderten bis weit hinter die große Bucht.

Eine Landzunge in der Nähe der Packeisgrenze war ihr Ziel. Von dort aus würden sie ihre Fangzüge starten.

Die Geduld der Walfänger wurde auf eine harte Probe gestellt. Sie verbrachten fast den ganzen Tag auf dem Wasser.

Nanuk hielt ununterbrochen die Augen offen, aber dieses Mal kam ihm ein anderer Jäger zuvor.

»Da!«, flüsterte Randy, der direkt vor Nanuk saß.

Sie paddelten gerade um einen wuchtigen Eisberg, der ihnen die Sicht versperrt hatte. Nur ein paar Bootslängen entfernt stieg die mit Wasserdampf versetzte Atemluft eines Wals auf. Kurz darauf glitt der dunkle Rücken über die

Wasseroberfläche. Gelassen, ohne eine Ahnung von der Gefahr, die ihm drohte, schwamm der Wal zwischen zwei Eis-platten hindurch, die sich vom Packeis gelöst hatten. Sie versperrten den Jägern den Weg.

Onkel Dickie reckte sich, um abzu-schätzen, wie weit die Barriere reichte. Seine Miene verdüsterte sich.

»Zu weit«, flüsterte Nanuk seinem Freund zu. »Wir müssten aufs Eis sprin-gen und es einfach von dort aus ver-suchen.«

Noodles schwieg. Er wollte nicht als Angsthase dastehen, aber er wusste, dass sich in dieser Jahreszeit auch eine noch so große und sicher erscheinende Eisscholle zerteilen konnte.

»So kommen wir nicht an ihn heran«, sagte Onkel Dickie.

»Ich kann rüberspringen«, schlug Nanuk sofort vor und sah Onkel Dickie er-
wartungsvoll an.

INFO

Im arktischen Winter wächst die von Eis bedeckte Fläche auf dem arktischen Ozean. Packeis
(auch Presseis genannt) entsteht, wenn Eisschol-
len zusammengeschoben werden. Packeis ist
meistens 2 bis 3, manchmal aber auch bis zu 9 Meter dick und kann sich über dem Meeresspiegel
hoch auftürmen. Wenn es im kurzen arktischen
Sommer wärmer wird, schmilzt auch das Packeis
wieder. An den Rändern brechen Stücke ab, die
frei schwimmenden Eisberge entstehen. Nur in
dieser Zeit können die Inuit auf Walfang gehen.
Durch die weltweite Erwärmung des Klimas wird
jedoch die von Packeis bedeckte Fläche jedes Jahr
kleiner.

INFO !

RÄTSEL ?

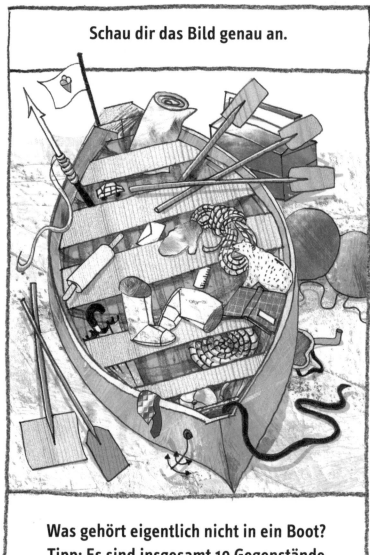

Schau dir das Bild genau an.

Was gehört eigentlich nicht in ein Boot?
Tipp: Es sind insgesamt 10 Gegenstände

Eine Nacht im Schneehaus

Nanuk konnte Onkel Dickie nicht von seiner Idee begeistern. Außerdem war der Wal zu klein, es lohnte sich nicht, ihn jetzt schon zu töten.

Nach einer weiteren Stunde ohne Wal in Sicht steuerte Onkel Dickie das Boot an die Eiskante, die nicht besonders hoch aus dem Wasser ragte. Einer der erfahrenen Jäger warf einen Haken, an dem ein Tau befestigt war, aufs Eis. Der Haken bohrte sich erst beim dritten Versuch in die Eisdecke, dann hielt er. Sie zogen das Umiak heran.

41

Dick Tanniuk stieg als Erster auf die Scholle. Niemand kannte das Eis so gut wie er.

Kurz darauf gab er seinen Männern ein Zeichen: keine Gefahr!

Einer nach dem anderen stiegen die Walfänger auf das Eis. Zuletzt standen nur noch Randy und die beiden Jungen im Boot.

»Jetzt ihr«, befahl Randy. »Ich sichere euch. Nicht, dass ihr noch ins Wasser plumpst!«

Der großmäulige Ton nervte Nanuk. Schließlich hatte er Randy beim letzten Hundeschlitten-Rennen in einer ziemlich brenzligen Situation geholfen. Außerdem war Randy nur ein paar Jahre älter als Nanuk und Noodles. Bevor er Randy eine patzige Antwort geben konnte, schaltete sich Onkel Dickie ein.

»Machen die Knirpse Ärger?«

Deutlicher musste der Anführer es nicht sagen. Sie hatten auf Randy zu hören.

»Du zuerst, Noodles«, entschied Nanuk.

»Warum ich?«, wehrte Noodles sich.

Randy verdrehte die Augen. »Wollt ihr noch bis zum Winter herumplappern, oder was?«

Noodles gab sich geschlagen und stieg aufs Eis hinüber. Nanuk und kurz darauf Randy folgten ihm.

»Packt gefälligst mit an!«, befahl Randy.

Er warf jedem der Jungen ein Seil zu,

mit dem sie das Umiak auf den harten Untergrund ziehen sollten.

Nanuk nahm das Seil und zerrte sofort daran.

»Nicht so hastig!«, schrie Randy, aber es war schon passiert.

Das Boot verkantete sich und kippte auf die Seite. Das Funkgerät, zwei Harpunen, ein Bündel Felle und der Proviant kullerten über das Eis. Zum Glück fiel nichts von der Ausrüstung ins Wasser.

Nanuk stieg die Schamesröte ins Gesicht. Ohne zu murren, nahm er Onkel Dickies Zurechtweisungen hin. Solche Fehler konnten in der menschenfeindlichen Umgebung der Arktis böse Folgen haben.

»Jetzt dürft ihr mal zeigen, was ihr könnt«, lachte Randy kurz darauf. Er warf jedem der Jungen ein Schneemesser hin. »Wir werden hier wohl eine Weile bleiben!«

»Woll'n wir mal sehen, ob ihr echte Inuit-Männer seid«, sagte Onkel Dickie. »Ihr baut euch euer eigenes Iglu.«

Das Schneemesser reichte Nanuk fast bis zur Hüfte. Eigentlich war es eher eine Säge mit sehr groben Zacken. Seine und Noodles' Aufgabe war es, die Blöcke für das Iglu aus dem Schnee zu schneiden.

Da das Iglu nicht sehr lange halten musste, konnten die Jungen dünnere Rechtecke ausschneiden, aber es war trotzdem ein hartes Stück Arbeit. Trotz der Kälte schwitzten sie.

Nanuk stapelte die Blöcke in immer enger werdenden Kreisen aufeinander. Noodles füllte die Ritzen rundherum mit Schnee.

Am Ende waren sie sogar vor den anderen Männern fertig, die ein etwas größeres Iglu ein paar Meter von der Eiskante entfernt gebaut hatten.

Noodles trug das Qulliq herbei, das für ein bisschen Wärme und Licht sorgen sollte. Sie gaben etwas Öl in die steinerne Schale und zündeten sie an. Nach kurzer Zeit erfüllte eine wohlige Wärme das Haus aus Schnee.

Den Jungen fielen schon bald die Augen zu. Nur von weiter Ferne hörten sie noch die Stimmen der Männer, die die Pläne für den nächsten Tag besprachen.

INFO

Iglus werden von den Inuit nur noch auf Jagdausflügen genutzt oder wenn sie unterwegs von schlechtem Wetter überrascht werden und sich einen Schutzraum errichten müssen. Ein Iglu wird nicht aus Eis, sondern aus gepresstem Schnee gebaut. Mit der Schneesäge schneidet man die Blöcke zu und legt sie im Kreis aus. Die Kreise werden bei jeder Schicht enger, die Blöcke etwas kleiner, wobei einer immer den nächsten stützt, sodass der kuppelförmige Bau nicht einstürzen kann. Der Eingang des Iglus liegt tiefer als der Teil, in dem man sich aufhält. So kann keine Kälte eindringen, denn nur die wärmere Luft steigt nach oben.

INFO !

Wie kommen die Männer zum Iglu?

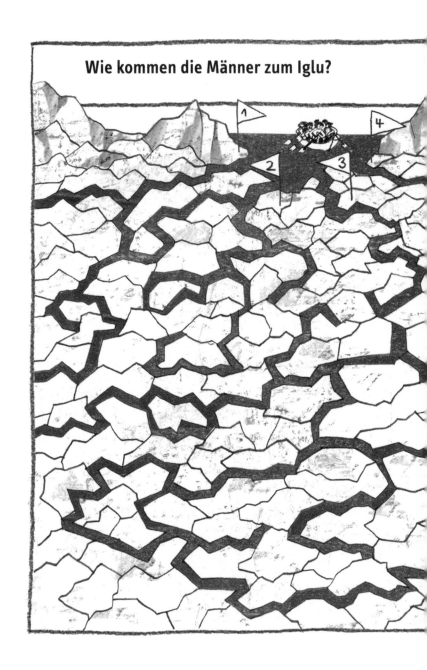

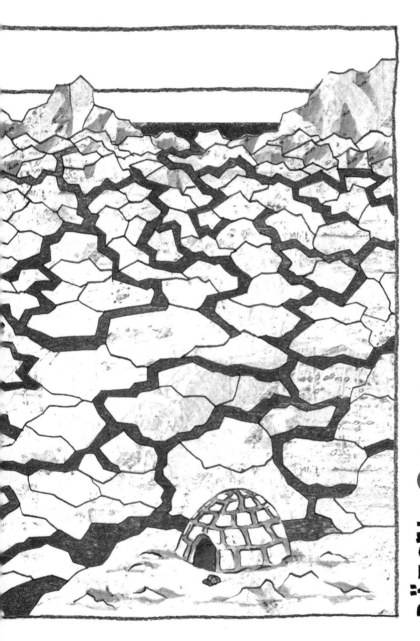

RÄTSEL

Unerwünschter Besuch

Nanuk wurde am nächsten Tag von einem Kratzen geweckt. Draußen machte sich jemand an der Wand des Iglus zu schaffen. Er schlug gegen die Mauer aus Schneeblöcken. Ein dumpfes, patschendes Geräusch.

Die Walfänger bekamen Besuch und Nanuk hatte eine Ahnung, wer es sein konnte.

»Noodles, wach auf!«, flüsterte Nanuk.

Mit einem Flüstern war Noodles allerdings kaum aufzuwecken. Ein Chor von Walross-Bullen war nötig, um seinen Freund aus dem Reich der Träume zu holen. Nanuk rüttelte Noodles an der Schulter.

»Hmpfrkargh«, gab dieser von sich, was vielleicht heißen sollte »Hör auf, ich will noch schlafen!« oder auch »Versuch es in einer Stunde noch einmal!«.

Der Besucher hatte das Iglu einmal umrundet und schlug nun gegen die andere Seite. Mit einem ungeduldigen Brummen bollerte er gegen die weiße Mauer.

Ein Schneeblock löste sich. Beim nächsten Stoß plumpste er nach innen, direkt auf Noodles' Kopf.

»Autsch!«, schrie Noodles und zeterte und schimpfte.

Dann sah er, wie jemand mit einem dicken weißen Fellhandschuh in die Öff-

nung hineingriff. Kurz darauf streckte er den ganzen Arm hindurch. Fast
gleichzeitig begriffen Nanuk und
Noodles: Das war kein Handschuh
und das war auch kein Arm. Ein Handschuh hatte keine langen spitzen
Krallen.

»Ein Eisbär!«, riefen beide Jungen
wie aus einem Mund.

Es kam gar nicht so selten vor, dass Eisbären auf ihren weiten Streifzügen nach Futter auch den Lagern von Menschen einen Besuch abstatteten. Selbst bis ins Dorf trauten sie sich. Meistens wurden sie von den Schlittenhunden verjagt, die die Häuser bewachten.

Nanuk und Noodles hatten jedoch keinen Hund, und eine Waffe, die etwas gegen den Bären ausrichten konnte, hatten sie auch nicht. Wo waren Onkel Dickie, Randy und die anderen Männer?

Der Bär steckte nun die Nasenspitze in das Loch. Seine Nüstern saugten unruhig den Duft der leckeren Beute auf. Das Raubtier drückte mit seinem gesamten Schädel gegen die Öffnung, die er schon gegraben hatte. Wenn er erst einmal einen Anfang gefunden hatte, würde er den Zugang zu seinem Frühstück schnell vergrößern.

»Gib mir das Qulliq«, flüsterte Nanuk Noodles zu.

Noodles reichte ihm die Öllampe. Nanuk zündete das restliche Öl darin an. Als der Bär seine Pranke in das Loch stieß, hielt Nanuk die Schale mit der brennenden Flüssigkeit direkt unter die Öffnung. Der ungebetene Gast tapste mit seiner Pfote hinein. Ein Schrei aus tiefster Kehle erschallte. Wütend sprang der Bär ein paarmal hin und her, dann humpelte er davon.

Die Jungen warteten.

»Ist er noch da?«, fragte Noodles.

»Glaube nicht«, antwortete Nanuk, aber sicher war er sich nicht.

»Wo ist Onkel Dickie? Und Randy? Meinst du, der Bär hat sie ...« Noodles wagte nicht, den Gedanken auszusprechen.

»Quatsch!« Nanuk tippte sich an die Stirn. »So schnell kann kein Eisbär vier Männer verspeisen. Davon wärst selbst du wach geworden.«

»Ob wir mal nachschauen?«

»Meinst du, ich will hier überwintern?«

Nanuk kroch zum Ausgang des Iglus. Vorsichtig streckte er die Nase hinaus, suchte das Eis rechts und links ab, robbte sich ein bisschen weiter vor.

»Der Eisbär ist weg!«, gab er erleichtert Entwarnung. »Die anderen aber auch.«

»Was heißt, die anderen auch?« Noodles kroch ebenfalls nach draußen.

Er traute seinen Augen nicht, als er sich umblickte. Die anderen Iglus waren verschwunden.

INFO

Einen großen Teil ihrer Zeit wandern und schwimmen Eisbären herum und suchen Beute. Sie haben einen besonders ausgeprägten Geruchssinn und hören sehr gut. Ihr weißes Fell ist eine perfekte Tarnung. Es ist sehr dicht, ölig und wasserabweisend und leitet die Sonnenstrahlen nach innen zu ihrer schwarzen Haut. Die großen Vordertatzen sind paddelförmig und sogar mit kleinen »Schwimmhäuten« versehen, was Eisbären zu schnellen Schwimmern macht. Die Hintertatzen dienen dabei als Ruder. Eisbären können im Wasser 50 bis 100 km am Stück zurücklegen.

Löse das Rätsel.
Welches Lösungswort erhältst du?

Tipp: Die durchgestrichenen Buchstaben darfst du nicht verwenden.

RÄTSEL ?

Verschollen im Packeis

Die weite blaue Fläche rund um die
Jungen herum wurde nur von wenigen
weißen Tupfern unterbrochen: Eisschol-
len unterschiedlicher Größe trieben mit
der Strömung. Genau wie die weiße
Platte, auf der Nanuk und Noodles sich
befanden. Am oberen Ende der Eisscholle stand der Eisbär, wie ein Wächter in
weißem Pelz, der am Bug eines Schiffes
nach Land Ausschau hielt.

»Er ist noch da!« Noodles' Stimme
bebte.

Sein Freund Nanuk knurrte nur etwas

Unverständliches. Er konnte sich nicht entscheiden, was er schlimmer finden sollte: die Tatsache, dass sie allein auf einer Eisscholle im arktischen Meer trieben oder dass sie einen hungrigen, ungefähr zweihundert Kilo schweren Mitreisenden hatten.

»Hoffentlich hat der Eisbär nach seinem Winterschlaf schon die ein oder andere Robbe gefressen.«

»Ich will gar nicht dran denken, was der schon gefressen hat oder noch fressen will!«, raunte Noodles.

In diesem Moment drehte der Bär sich um. Seine schnuppernde Nase nahm die Witterung der Jungen auf. Blitzschnell ergriff Nanuk ein paar der Eisbrocken, die noch vom Bau des Iglus herumlagen, und zielte auf den weißen Bären. Dabei stieß er Schreie aus, die sogar ein Urzeit-

monster in die Flucht geschlagen hätten.
Noodles zögerte nicht lange. Er sorgte
für Nachschub an Wurfmaterial.

»Aharrraooogarrr«, schallte es weit-
hin, als er in Nanuks Geschrei einstimm-
te. Noodles hatte keine Ahnung, ob Bären sich auf diese Weise abschrecken
ließen, aber Nanuk hatte meistens ganz
gute Ideen und zudem einen Großvater,
der ihm alles über die Tiere der Arktis er-
klärt hatte.

Den Angreifer beeindruckte das allerdings nicht besonders. Er trottete ohne große Eile weiter auf sie zu. Seine rechte Vorderpfote schonte er dabei ein wenig. Die Brandwunde, die Nanuk ihm mit der Öllampe zugefügt hatte, schmerzte wohl ein bisschen.

»Mein Messer ... in der Tasche ...«, keuchte Noodles.

»Zu spät!«, rief Nanuk.

Ein Nahkampf mit dem Bären würde wohl kaum zu ihren Gunsten ausgehen. Ihr Gegner verfügte über Krallen, die einem den Bauch schneller aufschlitzten, als sie die Klappmesser auch nur ansetzen konnten.

Ganz zu schweigen von den Reißzähnen.

Der Eisbär war nur noch wenige Meter entfernt.

Sie hatten nur noch eine Chance.

Was hatte Nanuks Großvater ihm erzählt? Ein guter Jäger war

geduldig, ausdauernd und listig, aber
vor allem musste er die Ruhe bewahren!
Nanuk drückte seinem Freund einen
großen Eisbrocken in die
Hand. Noodles wollte ihn
sofort abfeuern, aber Nanuk
hielt ihn zurück.

»Lass ihn näher heran-
kommen.« Er versuch-
te, so ruhig wie mög-
lich zu klingen. »Du
musst zielen,
auf die Na-
se und die
Augen.«
Das war leicht
gesagt. Ihm
selbst schlug
das Herz bis
zum Hals.

»Jetzt!«, befahl Nanuk, als der Bär plötzlich sein Tempo erhöhte. Er bereitete den Sprung vor, der beide Jungen mit einem Schlag umreißen würde.

Nanuk legte alle Kraft in den einen Wurf, dann feuerte er sein Geschoss ab.

INFO

Eisbären greifen selten Menschen an. Sie gehören eigentlich nicht zu ihrem »Beuteschema«, das sind vorwiegend Robben. Der Eisbär spürt im Eis die Atemlöcher der Robben auf, an denen diese auftauchen und Luft holen. Dort legt er sich auf die Lauer. Da die Eisfläche der Arktis immer kleiner wird, finden viele Eisbären nicht genug Beute. Wenn Menschen ihre Dörfer ausgerechnet im Revier von Eisbären bauen, bekommen sie von dem Raubtier öfter Besuch.

INFO

Schau dir die beiden Bilder genau an.

Entdeckst du die 9 Fehler im unteren Bild?

RÄTSEL

Kampf auf Leben und Tod

Der Wurf war ein Volltreffer. Der Bär machte eine Vollbremsung. Das Geschoss hatte ihn auf die empfindliche Nase getroffen. Noodles schleuderte seinen Eisbrocken einen Wimpernschlag später und traf den Angreifer ebenfalls.

Der Bär stellte sich auf die Hinterbeine. Die Jungen ballerten nun auf ihn, was ihnen gerade in die Hände fiel. Ein wahrer Hagel ging auf das Tier hinab. Er plumpste mit allen vieren aufs Eis – und trat den Rückzug an.

»Er gibt auf!«, jubelte Nanuk.

»Hoffentlich.«

Noodles konnte es noch nicht wirklich glauben, aber sein Freund hatte recht. Zwar brachte der Bär noch ein paar brummige Laute hervor, jedoch klangen die eher nach einer beleidigten Beschwerde über die harten weißen Bomben, die ihm die Nase zerstoßen hatten. Der König der Arktis zog murrend von dannen. An der Spitze der Eisscholle rutschte er auf dem Bauch hinab ins Wasser, wo er sofort lospaddelte.

Nanuk und Noodles fielen sich in die Arme. Nachdem sie ihren Freudentanz beendet hatten, vergewisserten sie sich, dass der gefräßige Kerl es sich nicht anders überlegt hatte. Der Eisbär strampelte mit den Vorderbeinen durch das eiskalte Wasser, bis er es auf das nicht allzu weit entfernte Packeis geschafft hatte. Dort zog er sich aufs Eis und schüttelte das Wasser aus seinem dichten Pelz.

»Wäre schön, wenn wir das auch so könnten«, sagte Noodles.

Nanuk stimmte ihm zu.

Die Erregung über die gefährliche Begegnung wich schnell der Frage, was eigentlich passiert war.

»Ist doch völlig egal, was passiert ist«, sagte Noodles. »Wir sitzen auf einer Eisscholle, die anderen sind verschwunden

und ich steige nicht ins Wasser und schwimme dem Eisbär hinterher.«

Nanuk ließ sich nicht von Noodles aus der Ruhe bringen, sondern hielt Ausschau in alle Richtungen. Ringsum nichts als Eis oder Ozean. Es gab nur eine Erklärung: Irgendwann in der Nacht hatte es einen Riss im Eis gegeben und sie waren mitsamt dem Iglu vom festen Teil des Packeises abgetrieben worden. Vielleicht war der Eisbär zu diesem Zeitpunkt schon in ihrer Nähe gewesen, aber es

kam auch vor, dass die großen weißen Jäger sich auf der Suche nach Robben schwimmend fortbewegten.

»Wenigstens haben wir das hier.« Nanuk holte seine Ledertasche hervor. Er hielt seinem Freund ein Stück von dem getrockneten Robbenfleisch hin. Doch bevor Noodles danach greifen konnte, zog Nanuk es ihm vor der Nase weg.

»Hey, was soll das?«, fragte Noodles empört.

»Das ist nicht zum Essen!«

»Wofür denn sonst? Mir knurrt der Magen.«

»Wir benutzen es als Köder. Zum Angeln. Es könnte sein, dass wir ein bisschen länger hier festsitzen.«

Erst jetzt wurde Noodles klar, was Nanuk gerade ausgesprochen hatte. Sie trieben vielleicht schon einige Stunden

auf ihrem eisigen Floß durch das ark-
tische Meer. Mit jeder Minute wurde das
Gebiet größer, in dem man nach ihnen
suchen musste. Wenn überhaupt jemand suchte! Vielleicht waren die anderen ebenfalls in solch einer misslichen
Lage oder noch schlimmer.

»Hey, keine Panik!«, versuchte Nanuk
Noodles zu beruhigen. Er zog seine An-
gelleine hervor und befestigte ein Stück

Robbenfleisch an dem Haken. »Damit überleben wir eine Weile. Du kannst wählen: angeln oder das Iglu ausbessern.«

Noodles entschied sich für die Angel. Er hatte sowieso mehr Geduld als Nanuk.

Eine Stunde nach der anderen verging. Mehrere Polardorsche gingen Noodles an den Haken. Nanuk hatte das Loch in der Iglu-Wand geschlossen, was nicht einfach gewesen war. Ohne die Eissäge waren einige Versuche nötig gewesen, um ein halbwegs brauchbares Stück Schnee zu gewinnen, das in die Lücke passte.

Das Meer um sie herum behielt Nanuk immer im Auge. Er wollte keinen weiteren Besuch von hungrigen Bären. Und vielleicht tauchte Onkel Dickies

Boot oder ein anderer Walfänger auf, der sie an Bord nehmen konnte.

INFO

Iglus können ganz unterschiedliche Größen haben. Früher lebte in den dauerhafteren Schneehäusern eine ganze Inuit-Familie. Der Innenraum wird mit Fellen ausgelegt. Die Schneeblöcke halten die Wärme gut. Wenn es draußen minus 40 Grad kalt ist, herrschen drinnen 4 bis 5 Grad über Null. Durch die Körperwärme der Menschen, die Lampen und kleine Feuerstellen wird diese erträgliche Temperatur erreicht. Hö-her darf sie aber nicht steigen – sonst schmilzt der Schnee und die Bewohner werden durchnässt. Mittlerweile ist das Übernachten im Iglu in den arktischen Gebieten sogar bei Touristen sehr beliebt.

INFO

Welche Wörter passen zum Iglu?

LLEF
EPMAL OTUA
DREFP
ELLETSREUEF
KCOLBEENHCS MUAB

Entschlüssle die Wörter und du weißt es.
Tipp: Die Wörter sind rückwärts geschrieben.

Hilferuf in die Tiefe

Am Abend saßen die Jungen erschöpft im Iglu. Vor ihnen lag ein fetter Dorsch. Seine Haut glänzte silbrig-grau. Er starrte sie mit seinen klaren, dunklen Augen an, so schien es jedenfalls.

»Ist er wirklich tot?«

Noodles hatte genau wie Nanuk schon oft geholfen, eine Robbe zu zerteilen. Eigentlich machte es ihm auch nichts aus, das rohe Fleisch zu essen. Bei den Inuit war das durchaus üblich. Andere Völker nannten sie deshalb abfällig Rohfleischfresser, nichts anderes

75

bedeutete nämlich die Bezeichnung Eskimo.

Dieser Fisch wirkte jedoch so lebendig.

»Natürlich ist er tot«, sagte Nanuk. »Du hast ihn doch selbst aus dem Wasser gezogen und ihm den Schlag versetzt! Also sei jetzt still.«

Der Fisch sollte nicht verspeist werden. Er sollte eine Opfergabe sein. Für Sedna, die Herrin des Meeres und der Tiere darin.

»Wir müssen sie beschwichtigen und für uns gewinnen«, sagte Noodles.

Das war eigentlich die Aufgabe eines Schamanen. Diese weisen Männer kannten seit Urzeiten die Geheimnisse, mit denen die Naturgeister beschworen wurden. Der Sage nach musste der Schamane zu Sedna hinabtauchen und ihr langes schwarzes Haar kämmen.

Nanuk wählte lieber ein anderes Ritual: Einer gefangenen Robbe wurde als Zeichen der Dankbarkeit Wasser ins Maul getropft. Vielleicht half es auch bei einem Fisch. Nanuk machte daraus eine feierliche Handlung, murmelte eigenartige Worte, schwenkte den Fisch auf den ausgebreiteten Handflächen über dem Kopf hin und her.

»Was brabbelst du da?«, fragte Noodles. Er hatte kein Wort verstanden.

»Still!«, wehrte Nanuk ab. »Du darfst die Opfer-Zeremonie nicht stören.«

Sein Freund gehorchte, zweifelte jedoch ein bisschen an dem merkwürdigen Tun von Nanuk.

Als hätte er Noodles' Gedanken gelesen, sagte Nanuk: »Wenn du nicht fest daran glaubst, hilft es nichts!«

Plötzlich legte er die Opfergabe wieder auf einen Eisblock in der Mitte des Iglus.

»Und jetzt?«

»Guten Appetit«, sagte Nanuk und schnitt das Tier der Länge nach auf.

Der Fisch schmeckte gar nicht so schlecht.

Über der Öllampe schmolzen sie ein bisschen Schnee, was ihren Durst aber nur mäßig stillte. Verhungern würden sie nicht, aber das Öl reichte nicht lange. Dann würde es schwierig, Trinkwasser zu gewinnen.

Nanuk verbot sich, daran zu denken.

Hilf uns, Sedna!, sprach er sich in Gedanken immer wieder vor, bis ihm endlich die Augen zufielen.

In der Nacht wälzte Nanuk sich von einer Seite auf die andere.

Im Traum hatte er sich zu Sedna aufgemacht, der Herrin des Meeres und der Tiere. Der Anblick ihres Palastes auf dem Meeresboden war unheimlich und überwältigend zugleich, denn er bestand aus einem schimmernden, weißen Material. Es war das riesige Gerippe eines toten Wals.

Der Kopf des Tieres mit den beiden Kieferknochen bildete den Thronsaal. Sedna herrschte dort wie eine Königin, umgeben von Fischen und anderem Meeresgetier.

Nanuk trat näher, aber bevor er sein

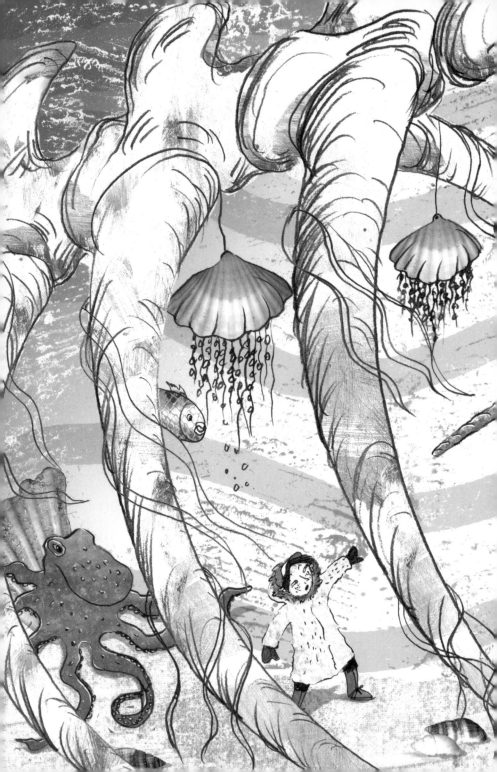

Anliegen vortragen konnte, zischte ein
Narwal heran. Sein spitzer Stoßzahn
musste zwei oder gar drei Meter lang
sein.

Das Tier, das einem Einhorn unter
Wasser glich, war eigentlich harmlos.

Vielleicht glaubte der Wächter jedoch, Nanuk wolle die Herrin der Unterwasserwelt angreifen.

Der Narwal verminderte sein Tempo kein bisschen. Auch nicht, als er nur noch ein paar Meter von Nanuk entfernt war.

Nanuk wollte schnell zur Seite hechten, aber seine Füße schienen im Meeresboden festgewachsen zu sein. Er konnte sich nicht von der Stelle bewegen.

Einen Herzschlag bevor der Stoßzahn ihn durchbohren konnte, riss Nanuk den Mund weit auf.

Statt eines Schreis stiegen nur Luftblasen aus seiner Kehle. Augenblicklich spürte Nanuk, wie das Wasser in seine Lunge drang. Er ruderte mit den Armen wild umher, bewegte sich aber keinen

Millimeter von der Stelle. Jemand rief seinen Namen.

INFO

Narwale sind gemessen an anderen Walen recht klein. Sie werden ungefähr 4 bis 5 Meter lang. Die Männchen haben jedoch eine Besonderheit: ein langes, spitzes Horn aus Elfenbein vorne am Kopf. Dabei handelt es sich um einen Stoßzahn, der aus dem Oberkiefer herauswächst. Die Narwale benutzen ihn nicht zur Jagd, sondern im Kampf um die Rangordnung mit anderen Männchen. Forscher vermuten auch, dass der Stoßzahn wie ein zusätzliches Sinnesorgan eingesetzt wird, denn er enthält sehr viele Nervenzellen. Im Mittelalter glaubte man bei uns, die abgebrochenen Stoßzähne stammten von Einhörnern. Ihnen wurden magische Kräfte zugeschrieben und sie waren sehr wertvoll.

INFO

Die Öllampe wirft Schatten.

RÄTSEL ?

Welches Schattenbild passt zu Nanuk?

Boten der Meeresgöttin

»Nanuk! Hör auf!«, schrie dieser Jemand und rüttelte Nanuk an der Schulter.

Ein Hustenanfall weckte Nanuk vollends auf. Einen Moment lang dachte er, er habe tatsächlich Wasser geschluckt. Dann sah er Noodles vor sich hocken. Sein bester Freund war hellwach. Er hielt sich die Nase, aus der ein dicker Tropfen Blut quoll.

»Du hast im Traum um dich geschlagen«, schimpfte Noodles. »Mann, das war ein Volltreffer, das tut vielleicht weh«, jammerte er.

»Tut mir leid, ich habe geträumt und war bei Sedna ...«

»Ich hoffe, deine Sedna hatte eine Idee, wie wir hier wegkommen«, knurrte Noodles.

Er kroch nach draußen, um sich die blutige Nase abzuwaschen. Nanuk folgte ihm. Als Erstes suchte er die Weite des Meeres ab.

»Sieh dir das an!« Nanuks Arm zeigte aufs Wasser hinaus. Mit einer Hand musste er die Augen beschatten, um besser sehen zu können.

»Was denn?« Noodles folgte Nanuks Blick. »Ich sehe nichts.«

»Doch!«, rief Nanuk. »Sie sind noch weit draußen.«

Jetzt sah Noodles sie auch. Gleich mehrere Fontänen stiegen in die Luft. Für einen kurzen Augenblick ragte auch eine Schwanzflosse hervor. Es musste eine ganze Herde von Walen sein.

»Und wir haben keine Harpune, so ein Mist«, fluchte Noodles.

An seine blutige Nase dachte er keine Sekunde mehr. Auch in Nanuk erwachte das Jagdfieber. Lange hielt es allerdings nicht an. Sie hatten nun zwar Wale, aber sie mussten sie ohne Waffen und ohne Boot an sich vorbeiziehen lassen.

»Vergiss es, wir werfen die Angelleinen wieder aus. Besser einen Dorsch an der Angel als einen Wal –« Nanuk verstummte plötzlich.

Noodles horchte auf. »Was ist das?«

Ein ratterndes Geräusch war zu hören. Nanuk kannte keinen Tierruf, der einen so gleichmäßigen Takt hatte, auch die Geräusche des Windes und des Meeres waren anders. Rapp, rapp, rapp – der

Ton näherte sich schnell und schwoll an und kurz darauf schälte sich etwas aus dem gleißenden Gegenlicht der Sonne.

Ein Hubschrauber schwebte über die Wasserfläche. Nanuk zögerte keine Sekunde. Er zog blitzschnell seinen Anorak aus, hielt ihn an beiden Ärmeln und wedelte damit.

»Hier!«, schrie er. »Hiiiiierher!«

Noodles folgte seinem Beispiel. »Das ist Michael Fuller mit seiner neuen Kiste!«

Wie zwei wild gewordene Kobolde sprangen sie umher und versuchten, auf sich aufmerksam zu machen. Der Helikopter war nicht mehr sehr weit entfernt.

Plötzlich drehte er ab.

»Was machen die?«, rief Nanuk entsetzt.

»Sie haben uns nicht gesehen!«

Noodles schien recht zu haben. Über der Walherde drehte der Hubschrauber ab. Er umrundete einen massigen Eisberg, der träge in der Strömung lag. Mit hängenden Schultern standen die Jungen da.

»Unser Opfer für Sedna war wohl nicht großzügig genug«, seufzte Noodles.

»Na ja, sie hätte uns sicher keine Hilfe aus der Luft geschickt«, brummte Nanuk.

»Hat sie doch!«, jubelte Noodles.

Der Hubschrauber hatte eine Schleife gezogen und steuerte auf sie zu. Direkt über ihren Köpfen schwebte er auf der Stelle. Er konnte unmöglich auf der Eisscholle landen! Langsam senkte der Pilot das Fluggerät ab. Der Luftstrom der Rotoren peitschte auf das Wasser. Die Jungen duckten sich und pressten die Hände auf die Ohren. Die Kufen schaukelten nur wenige Meter über den Köpfen von Nanuk und Noodles.

Ein Tau klatschte neben ihnen aufs Eis. Ein Mann mit einem Rucksack auf dem Rücken seilte sich ab. Mit einem gewagten Sprung aus mehr als einem Meter Höhe plumpste er neben den Jungen aufs Eis. Der Heli-

kopter schraubte sich sofort wieder in die Höhe.

»Ihr müsst einen Schutzpatron gehabt haben!«, begrüßte Michael Fuller die beiden. »Wir wollten eigentlich schon wieder abdrehen, aber die Walherde unter uns ...« Fuller suchte nach Worten. »Keine Ahnung, hab jedenfalls noch nie gesehen, dass Narwale einen solchen Tanz aufführen. Und dann haben wir euch doch noch entdeckt. Ihr habt großes Glück gehabt, dass Dick Tanniuk so schnell Funkkontakt aufgenommen hat, als eure eisige Nussschale sich vom Packeis gelöst hat.«

»Sind alle unverletzt?«

»Keine Sorge. Nur euer Umiak ist abgetrieben, da müsst ihr wohl ein neues bauen, bevor der nächste Fangzug losgehen kann.« Michael Fuller holte eine

Thermoskanne aus dem Rucksack. »Das wärmt euch ein bisschen auf. Der Pilot hat unsere Position durchgegeben, wir werden sicher bald aufgegabelt! – Ich hoffe, ihr mögt Tee mit Vanillesirup?!«

Und ob die Jungen den mochten! Begeistert nippten sie an der heißen Stärkung.

»Meckre du noch mal über Sedna!«, raunte Nanuk seinem Freund zu und dachte an den Narwal in seinem Traum.

INFO

Im alten Volksglauben der Inuit gilt die Seele des Menschen als unsterblich. Sie lebt weiter über dem Meer oder sie wird in einem Tier wiedergeboren. Tiere wurden deshalb mit großem Respekt behandelt. Ein erlegter Wal war in der Vorstellung der Inuit ein Geschenk an die Menschen. Deshalb wurden nur immer so viele Tiere gejagt, wie die Dorfbewohner zum Überleben brauchten. Für alle Erscheinungen der Natur waren Geister zuständig, die Nutzen oder Schaden über die Gemeinschaft bringen konnten. Es war besser, wenn man sie gut behandelte – dann schützten sie die Menschen und halfen ihnen im rauen Lebensraum der Arktis.

INFO

Die Walherde ist groß.

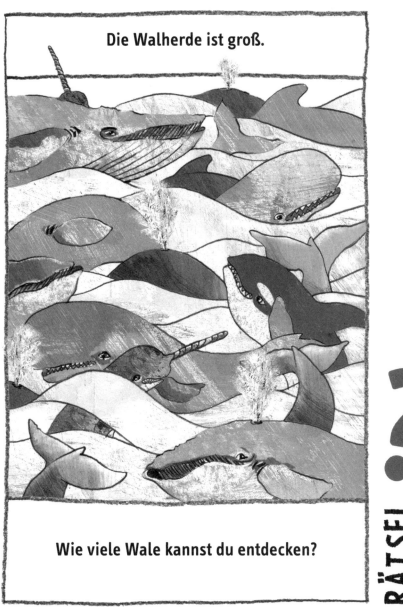

Wie viele Wale kannst du entdecken?

RÄTSEL ?

95

Auflösungen:

S. 14:   Lösungswort: Umiak.

S. 23:   Lösungswort: Meer.

S. 32:   Lösungswörter: Walherde, Pottwal, Walflosse,
           Walfang, Blauwal.
           Die Wörter »Meer«, »Haus«, und »Schwein«
           passen nicht.

S. 40:   Schneeschieber, Nudelholz, Krawatte, Ball,
           Eisbär-Spardose, Lineal, Brief, Spielzeugauto,
           Schirm und Buch gehören nicht in ein Boot.

S. 48:   Weg 4 ist richtig.

S. 57:   Lösungswort: Eisbär.

S. 65:

S. 74:   Lösungswörter: Fell, Lampe, Feuerstelle, Schneeblock.
           Zu einem Iglu gehören nicht: Auto, Baum, Pferd.

S. 84:   Schattenbild 5 ist richtig.

S. 95:   Es sind insgesamt 16 Wale.

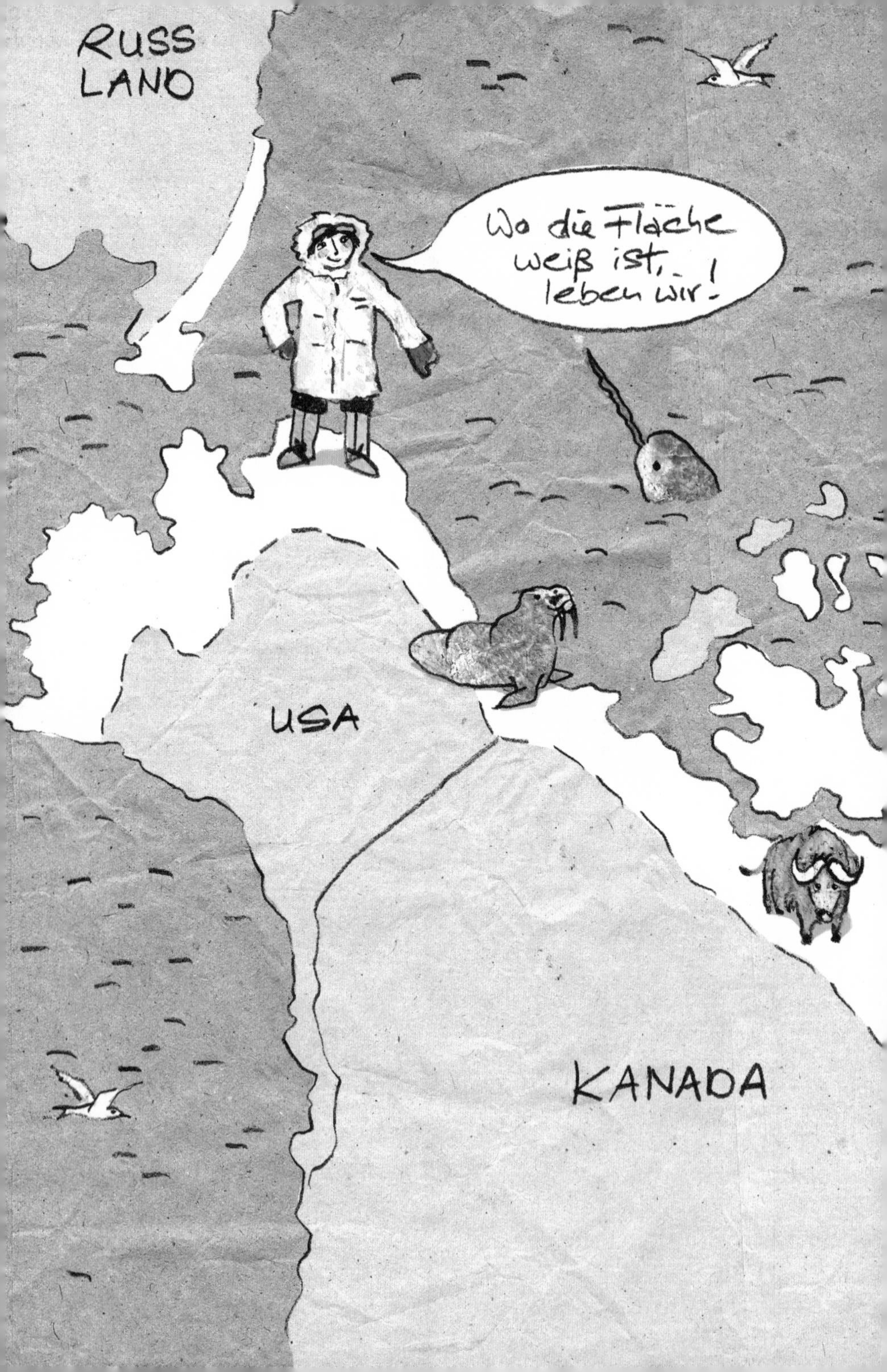
RUSS LAND
Wo die Fläche weiß ist, leben wir!
USA
KANADA